Look at me, I am beautiful!

Per Benjamin

ELEMENTS

Per Benjamin

Photography / Fotografie: Helén Pe

STICHTING KUNSTBOEK

Give me time, I am only a bit shy.

Contents / Inhoud

Per Benjamin is one of the new rising young names in floral design and World Champion since the 2002 World Cup in Amsterdam. He's from Scandinavia, Stockholm in Sweden more precisely, the part of the world that now produces some of the most interesting designers and leads the development in the craft. Who is this 34-year-old designer, who combines the Scandinavian approach with a use of colour from another world into a very personal design expression? What is behind his ideas and creations, how does he think?

Who is this designer, who travels the world with his designs and special message about flowers, their language and emotions?

Well, I am simply a floral designer like so many of my colleagues around the world, with whom I share that typical interest and passion for flowers and their effect on people. But as I so often say, I must be one of the most fortunate people and floral designers in the world! I have the opportunity to travel around the world, constantly meeting new people and discovering new cultures, giving inspiration and getting as much back. You have to be very humble, when you work like I do. Of course I travel to show my ways and ideas in floral design, trying to pass on my passion and inspiration for the craft, but it is just as important to observe the people and cultures I meet and be inspired by them. This exchange of ideas and inspiration is my true joy in the way I am working today.

From what you say, it sounds as if you are away from home a lot. Does that leave you any time for new inspiration?

I do travel a lot. So much in fact, that I often jokingly say that my home is my Samsonite bag! Luckily, I don't think inspiration is bound geographically. For me, it is something intermediating between people and emotions, a constant ongoing process. But my roots lie in Sweden and of course home is very important to me. And by home I don't mean my apartment, but my friends and family, the surroundings where I can be just Per, the everyday person, not the designer.

Who is this 'everyday' Per, the person behind these designs?

That's a difficult one! I think you should ask this question to my friends and colleagues, but I can tell who I try to be. I am all about emotions, for better or for worse and I have always followed my heart and my curiosity. This curiosity has broadened my

Per Benjamin

Per Benjamin is een jonge, rijzende ster in de bloemsierkunst en werd in 2002 wereldkampioen tijdens de World Cup in Amsterdam. Hij is afkomstig uit Scandinavië, Stockholm in Zweden om precies te zijn, het deel van de wereld dat vandaag enkele van de meest interessante ontwerpers voortbrengt en leider is in het vak. Wie is deze 34-jarige bloemsierkunstenaar, die de Scandinavische benadering met een buitenaards kleurengebruik combineert tot een erg persoonlijke ontwerpvisie? Wat schuilt er achter zijn ideeën en ontwerpen, hoe denkt hij?

Wie is deze ontwerper, die de wereld rondreist met zijn ontwerpen en zijn bijzondere boodschap over bloemen, hun taal en emoties?

Wel, ik ben gewoon een bloemsierkunstenaar zoals zoveel van mijn collega's wereldwijd, met wie ik dezelfde interesse en passie deel voor bloemen en hun effect op mensen. Maar ik zeg zo vaak dat ik een van de gelukkigste mensen en bloemsierkunstenaars ter wereld moet zijn. Ik krijg de mogelijkheid om de wereld rond te reizen en voortdurend nieuwe mensen te leren kennen en nieuwe culturen te ontdekken, hen inspiratie te geven en er evenveel terug te krijgen. Als je werkt zoals ik, moet je nederig blijven. Natuurlijk reis ik rond om mijn ideeën over bloemsierkunst te tonen en probeer ik mijn passie en inspiratie voor het vak over te brengen, maar het is net zo belangrijk om mensen en culturen te observeren en er inspiratie uit te halen. Die uitwisseling van ideeën en inspiratie vormt voor mij het ultieme plezier aan deze manier van werken.

Uit wat je zegt, kunnen we afleiden dat je vaak van huis bent. Heb je tijd genoeg om nieuwe inspiratie op te doen?

Ik werk heel veel. Zoveel zelfs, dat ik vaak lachend zeg dat mijn thuis in mijn Samsonite-koffer zit. Gelukkig denk ik niet dat inspiratie geografisch gebonden is. Voor mij is het iets dat ontstaat tussen mensen en emoties, een altijddurend proces. Maar mijn roots liggen in Zweden en natuurlijk blijft mijn thuis heel belangrijk voor mij. En met thuis bedoel ik natuurlijk niet mijn appartement, maar mijn vrienden en familie, de omgeving waar ik gewoon Per kan zijn, niet Per de ontwerper.

Wie is deze 'gewone' Per, de mens achter deze ontwerpen?

Dat is een moeilijke vraag! Ik denk dat je deze vraag beter aan mijn vrienden en collega's zou stellen. Ik kan je wel zeggen wie ik probeer te zijn. Bij mij draait alles om emoties, in voor- en tegenspoed, en ik heb dan ook altijd mijn hart en mijn nieuws-

horizons, has given me a lot of experience and has allowed me to grow both as person and as a floral designer. I am definitely an open and social person, who needs to have people around to care about; I do not exist without friends and family. But most of all I am a simple, not too complicated person with a huge appetite for life. The best evidence of that came last year, when I was working in Japan. Someone gave me this very flattering comment: 'We were all expecting the world champion, but here are you: one of us!' That touched me deeply and, I think, described me well. Like most of us, I like to feel like a part of a group.

Does all this work leave you with any time for yourself?

I always do a lot of things: I thrive in the eye of the storm and many times I get accused of being too enthusiastic and energetic. I guess that comes with the profession and the passion I have for it; a passion that can turn anyone into a workaholic. Combined with a very optimistic view of time, I end up having very little time for anything else. I treasure those few moments of solitude I sometimes get. And I always remember: 'Carpe diem', life is not to be repeated like those soaps on television!

The World Cup... Did it mean a great change for your career?

It changed my career beyond my imagination. For me the World Cup, like any other competition I have attended in my career, was a huge challenge for myself, my creativity and my limits. I have always felt that urge to challenge myself, to meet my own high expectations and to go beyond them. I always compete against myself and together with others. I could never compete without enjoying it. There has never been a greater source of inspiration to me than competitions and the final result comes second. By that, I don't mean that winning is not important — that would be a lie — but there is so much more to it! Titles are not a permanent confirmation that you can live on; they are always followed by new challenges, the rescue of every creative person.

But for you, it was also a start of a new cooperation: *Life3*.

Life3 was an opportunity I couldn't say no to. For me it is very natural and fun to work in groups of people. Being a very social, open and easygoing person, I thrive in the company of others. Creativity is a way of communicating and in the process between colleagues it blossoms.

gierigheid gevolgd. Deze nieuwsgierigheid heeft mijn blik verruimd, heeft me heel wat ervaring gegeven en heeft ervoor gezorgd dat ik kon groeien als mens en als florist. Ik ben zeker een open en sociale persoon en ik heb mensen nodig rond mij waar ik om kan geven. Maar ik ben vooral een eenvoudige, niet te ingewikkelde persoon met een enorme levenslust. Ik kreeg daar het beste bewijs van toen ik vorig jaar in Japan werkte. Iemand gaf me dit fantastische compliment: 'We verwachtten allemaal de wereldkampioen, maar jij bent gewoon één van ons!' Dat raakte me diep en ik denk dat het mij ook goed beschrijft. Zoals de meeste mensen, voel ik me graag deel van een groep.

Heb je naast al dat werken nog tijd over voor jezelf?

Ik doe altijd veel dingen. Ik ben op mijn best in het oog van de storm en men verwijt me vaak dat ik te enthousiast en te energiek ben. Dat hoort volgens mij gewoon bij het beroep en de passie die ik ervoor voel, een passie die iedereen in een workaholic kan veranderen. Als je dat combineert met mijn erg optimistische kijk op tijd, heb ik vaak heel weinig tijd voor iets anders. Ik koester dan ook de schaarse momenten waarop ik even alleen kan zijn. En ik hou altijd in mijn achterhoofd: 'Carpe diem': het leven kan je niet overdoen zoals die soaps op televisie!

Was de World Cup een grote ommezwaai in jouw carrière?

Mijn carrière veranderde hierdoor meer dan ik ooit had kunnen denken. Voor mij was de World Cup, net zoals elke andere wedstrijd waaraan ik ooit had deelgenomen, een uitdaging voor mezelf, mijn creativiteit en mijn beperkingen. Ik heb altijd al de behoefte gehad om uitdagingen te stellen voor mezelf, om tegemoet te komen aan mijn eigen hoge verwachtingen en die te overtreffen. Ik ga altijd in concurrentie met mezelf en samen met anderen en ik zou nooit kunnen meedoen aan een wedstrijd zonder er plezier in te hebben. Wedstrijden zijn mijn grootste bron van inspiratie en het eindresultaat komt daarbij op de tweede plaats. Daarmee bedoel ik natuurlijk niet dat winnen niet belangrijk is — dat zou een leugen zijn — maar er komt zoveel meer bij kijken! Titels zijn geen blijvende bevestiging waarop je kunt blijven teren; ze worden altijd gevolgd door nieuwe uitdagingen: de redding voor elke creatieve persoon.

So during those very emotional days of the World Cup in Amsterdam, I met a lot of interesting people. With Max (Max van de Sluis) and Tomas (Tomas De Bruyne) it felt natural to discuss and talk about our designs, ideas and future plans, which interacted on many levels. One thing led to another and today we cooperate under the name *Life3*.

What exactly do you do in *Life3*

As much as *Life3* is a company, it is above all a creative platform. Imagine the joined energy and creativity of three minds put together. The output doesn't equal three, it equals a lot more! Our intention is to bring floral design to new levels within the profession, but also to spread the ideas and qualities of floral design to a wider audience. We offer a wide range of products, from seminars, stage shows and designs to publications. I especially love the dynamics when we are all on stage together. Each of us has his own distinct style and this allows us to inspire each other and to give our clients a wide range of knowledge and true variation in work. But it all comes down to one key word: emotions, the core of *Life3*. We don't only connect as professionals, but have also become good friends. And that's the most important thing: having friends to rely on.

Emotions, that seems to be the keyword when you describe yourself and floral design!

Yes, that is what it is all about! Flowers never leave people indifferent: they always evoke, translate or communicate emotions. There is no life without emotions and therefore no life without flowers.

Maar voor jou was het ook de start van een nieuwe samenwerking: *Life3*.

Life3 was een kans die ik niet aan me voorbij kon laten gaan. Het voelt voor mij erg natuurlijk en aangenaam om samen te werken in een groep. Omdat ik zo'n sociale, open en makkelijke persoon ben, voel ik me op mijn best in het gezelschap van anderen. Creativiteit is een vorm van communicatie en in het proces tussen collega's bloeit die creativiteit helemaal open. Tijdens die erg emotionele dagen van de World Cup in Amsterdam, ontmoette ik veel interessante mensen. Met Max (Max van de Sluis) en Tomas (Tomas De Bruyne) klikte het meteen. Het was een heel natuurlijk gevoel om te discussiëren en te babbelen over onze ontwerpen, ideeën en toekomstplannen. En die plannen kwamen heel erg overeen op verschillende niveaus. Het ene leidde tot het andere en vandaag werken we samen onder de naam *Life3*.

Wat doen jullie precies met *Life3*?

Life3 is natuurlijk een bedrijf, maar blijft voor alles een creatief platform. Beeld je eens de gezamenlijke energie en creativiteit in van drie creatieve geesten: dat is niet louter de som van de delen, maar zo veel meer! Ons doel is om bloemsierkunst tot op een nieuw niveau te brengen binnen het vak, maar ook om de ideeën en kwaliteiten van bloemsierkunst bij een groter publiek te brengen. Wij bieden een grote variatie van producten aan, van seminaries, over podiumshows en ontwerpen tot boeken. Ik hou vooral van de dynamiek wanneer we samen op het podium staan. Elk van ons heeft zijn eigen stijl en dat laat ons toe om elkaar te inspireren en onze klanten een brede variatie van kennis en echte variatie in ons werk aan te bieden. Het komt allemaal neer op één kernwoord: emotie, het hart van *Life3*. Tussen ons klikt het niet alleen als professionals, maar we zijn ook goede vrienden geworden. En dat is het belangrijkste: vrienden hebben waarop je kan vertrouwen.

Emotie lijkt het kernwoord te zijn als je jezelf en bloemsierkunst omschrijft!

Ja, daar draait het tenslotte allemaal om! Bloemen laten niemand onverschillig: ze roepen altijd gevoelens op, vertalen ze of brengen ze over. Er is geen leven zonder gevoelens en dus ook geen leven zonder bloemen.
Ik vraag mijn collega's vaak wat we in onze winkels verkopen en dan kijken ze me aan alsof ik gek ben. Verkopen we bloemen in onze winkels? Nee! We verkopen iets veel belangrijker: gevoelens en manieren om ze uit te drukken.

I ask colleagues many times what we sell in our shops and they always look at me as if I'm crazy. Do we sell flowers in our shops? No! We sell something much more important: emotions and ways of expressing them.

That's why I am so passionate about flowers: the concept that flowers are the emotional link between people is very intriguing. They say much more than words, more even than we dare to say! It can be anything from simply encouraging a friend, a token of love or comfort in troubled times. I feel privileged to work with flowers and to be able to interpret and convey those emotions in my everyday work. Just think about it for a second: we designers are, many times, the emotional link between people.

The way in which flowers communicate emotions is actually an international language without boundaries.

Why has it always been your dream to be able to express yourself through flowers?

We all have a close bond with nature. Flowers, as a part of nature, are an emotional and expressive link.

Like to so many other Scandinavians, to me nature is an important and natural part of my life, mainly because of our four very obvious seasons. The changes in nature, all decided by the blessed sun, the light and the length of the days are a part of our emotional life. All four of them affect us in a different way. For me autumn is a period of calm and contemplation; for others it's purely depressing because nature is giving in to the shorter days and leading us towards dark winter. Winter can be dark but also crisp light and blessed with snow. But there is nothing as promising and joyful as those first spring days, the warm sun in your face, encouraging your winter frozen soul, the promise of spring and summer. And then summer: a new magical part of the year when nature literally explodes in greens and all kinds of flowers. I especially cherish those first courageous flowers that are challenging the winter. The pure beauty of those flowers has always tempted children to pick them and to make that first bouquet for their mother.

So, nature itself is a great source of inspiration for you as well as for many other floral designers, especially those from Scandinavia!

Yes, you could definitely say that is how it all started. And nature and its changes still inspire me a lot. Since most people know me for my technical, clean and almost strict work with a strong colour expression that often borders on kitsch, they

Daarom heb ik zo'n passie voor bloemen: de idee dat bloemen de emotionele link zijn tussen mensen intrigeert me enorm. Ze zeggen veel meer dan woorden, meer zelfs dan we durven zeggen! Het kan van alles zijn: gewoon een vriend sterkte wensen, een teken van liefde of troost in moeilijke tijden. Ik voel me bevoorrecht omdat ik kan werken met bloemen en omdat ik die emoties kan vertalen en uitdrukken in mijn dagelijks werk. Sta daar maar even bij stil: wij ontwerpers zijn vaak de emotionele band tussen mensen.

De manier waarop bloemen gevoelens overbrengen is eigenlijk een internationale taal zonder grenzen.

Waarom heb je er altijd van gedroomd om jezelf uit te drukken via bloemen?

Iedereen heeft een sterke band met de natuur. Bloemen, die deel uitmaken van die natuur, zijn een emotionele en expressieve link. Zoals voor zoveel andere Scandinaviërs is de natuur voor mij een belangrijk deel van mijn leven en dat komt vooral door onze vier duidelijke seizoenen. De veranderingen in de natuur, allemaal beslist door de gezegende zon, het licht en de lengte van de dagen, zijn een deel van ons emotionele leven. Elk van de vier seizoenen heeft een ander effect op ons. Voor mij betekent de herfst een periode van rust en bezinning, terwijl deze periode voor anderen deprimerend is omdat de natuur toegeeft aan de kortere dagen en ons naar de winter leidt. Winter kan donker zijn, maar ook fris en licht en gezegend met sneeuw. Maar er is niets zo vol beloftes en vreugde als die eerste lentedagen, de warme zon in je gezicht die je winterse, bevroren ziel verwarmt, de belofte op lente en zomer. En dan de zomer: een nieuw magisch deel van het jaar wanneer de natuur letterlijk explodeert in groen en alle soorten bloemen. Ik hou vooral van die eerste dappere bloemen die de winter trotseren. De pure schoonheid van deze bloemen heeft er altijd voor gezorgd dat kinderen ze plukten om dat eerste boeketje voor hun moeder te maken.

Natuur is dus een grote inspiratiebron voor jou, zoals voor zoveel andere bloemsierkunstenaars, in het bijzonder die van Scandinavië!

Ja, je zou inderdaad kunnen zeggen dat het zo allemaal gestart is. En natuur en haar veranderingen inspireren me nog altijd. Dat zal veel mensen verrassen, aangezien de meesten me kennen voor mijn technische, gestroomlijnde en bijna strenge werk met een sterke kleurexpressie die vaak grenst aan kitsch. Dit is de laatste tijd mijn manier van werken, maar ik ben een complexe persoon met verschillende kanten, zowel persoonlijk als professioneel. Daarom heb ik geprobeerd om wat meer van mezelf te tonen in dit

might be surprised by that. This is how I have been working lately, but I am a complex person with many sides both personally and professionally. Therefore I have tried to show a lot more of myself in this book. Next to my 'typical' designs, you will hopefully find many new ideas and concepts. As a designer I have never been searching for 'my own style'. On the contrary, I have always been looking for new ways of expressing myself, for new challenges.

Does this also mean that you have no favourite flower or material?

Honestly! How can I have one favourite flower, when I'm surrounded with such a vast range of beauty? For me it is all a question about the mood of the day, how I am really feeling. A bright, shiny day with lots of promises in the air demands equally bright flowers, whereas a dim grey day needs something totally different and one single flower can not express that for me. Many times I have rediscovered a flower; I may have seen it many times before, but suddenly — just as sudden as love can strike you — I find myself standing there, infatuated by the simplest flower or by a colour: the start of something unknown, a new discovery and a new friendship.

In your designs we can find many complementary materials as well. Don't the flowers say enough on their own?

It is all a matter of the occasion and situation. Generally you could say that I try to find modern ways to express emotions with flowers, adapted to the times we live in. In doing so there's nothing more fun than going into a hardware store, a do-it-yourself store or a toy store to find new materials to combine with the flowers. In order to present the flowers in a new way and to

boek. Naast mijn 'typische' ontwerpen, zal je hopelijk veel nieuwe ideeën en concepten vinden. Als ontwerper heb ik nooit gezocht naar 'mijn eigen stijl'. In tegendeel, ik heb altijd gezocht naar nieuwe manieren om mezelf uit te drukken, naar nieuwe uitdagingen. Betekent dit ook dat je geen favoriete bloem of materiaal hebt?

Hoe kan ik nu één favoriete bloem hebben als ik omringd word door zo'n immense variatie en schoonheid! Voor mij hangt de keuze van een bloem vaak samen met mijn humeur van die dag, met hoe ik me echt voel. Een prachtige dag met veel beloftes die in de lucht hangen vraagt om even felgekleurde bloemen, terwijl een donkere, grijze dag iets totaal verschillends vraagt en een enkele bloem kan dat in mijn ogen niet uitdrukken. Ik heb vaak een bloem herontdekt; ik mag die bloem dan al zo dikwijls gezien hebben, maar opeens — net zoals de liefde plots kan toeslaan — word ik smoorverliefd op een simpele bloem of op een kleur: de start van iets onbekends, een nieuwe ontdekking en een nieuwe vriendschap.

In jouw ontwerpen vinden we ook veel aanvullende materialen. Zeggen de bloemen niet genoeg op zichzelf?

Dat hangt altijd af van de gelegenheid en de situatie. In het algemeen kan je zeggen dat ik probeer moderne manieren te vinden om gevoelens met bloemen uit te drukken, aangepast aan de tijd van vandaag. Er is niets leukers dan binnen te gaan in een doe-het-zelfzaak of een speelgoedwinkel om nieuwe materialen te vinden die je met bloemen kunt combineren. Om de bloemen op een nieuwe manier te presenteren en hun persoonlijkheid naar voor te brengen, vind ik het heel belangrijk dat die materialen niet de bovenhand krijgen. Ik onthoud altijd heel goed dat ik met botanische materialen werk. Door die andere materialen te gebruiken introduceer ik meer plezier, meer kitsch als je wil. Het is mijn manier om de wereld van bloemen bij een nieuw publiek te brengen en om de conventionele kijk op florale kunst om te gooien. Bloemen zijn zoals het leven zelf: je moet ervan genieten en ze verrijken onze levens. Bloemen bestrijken het volledige emotionele spectrum. We moeten respect hebben voor het vak en voor de materialen, maar dat mag onze creativiteit niet beperken.

De sinaasappelen die je op de World Cup gebruikte, was dat iets typisch voor jou? Wat is een typische Per Benjamin creatie?

Die sinaasappelen zijn inderdaad heel typisch voor mij, of beter gezegd voor mijn manier van denken en voor het oplossen van de creatieve uitdaging. Veel mensen stellen mij die vraag, maar ik ben blij dat ik kan zeggen dat er geen antwoord op is. Ik hou van

show the personality of the flower, it's important that those materials don't take over. I always keep in mind that I work with botanical materials. Using these other materials is also a way of putting in more joy and fun, more kitsch if you like. It's my way of opening the world of flowers to a new audience and of shaking the conventional view of floral design. Flowers are like life; they have to be enjoyed and they enrich our lives. Flowers cover the whole emotional spectrum. We should have respect for the craft and the materials, but it must not restrain our creativity.

And what about those oranges in the World Cup? Was that typical of you? What is a typical Per Benjamin work?

Those oranges are indeed typical of me, or rather of my way of thinking and solving the creative challenge. Honestly many people would like me to answer what's typically me, but I am happy to say there is no answer to that. I like a variety of styles but the expression is primarily. I like to take on the challenge of this serious business of floral design with a lot of humour and distance, but nevertheless with respect. Don't misunderstand me, I am a very serious designer, but for me the key words are: emotions, life, curiosity and joy! In my way of working standards, rules and conventions come in the second place. Floral design is like life: something to enjoy.

What is your driving force in the field of floral design?

My untamed curiosity — towards life, people, emotions and of course flowers — is my driving force, both as a private person and as a floral designer. For me creativity equals assuming new challenges, finding new ways to work. Finding

een diversiteit van stijlen, maar het belangrijkste is wat een werk uitdrukt. Ik ga graag de uitdaging aan om dit ernstige vak van bloemsierkunst met een heleboel humor en afstand te benaderen, maar ik doe dat met respect. Begrijp me niet verkeerd, ik ben een erg serieuze ontwerper, maar voor mij blijven de kernwoorden: gevoelens, leven, nieuwsgierigheid en vreugde! Standaarden, regels en conventies komen voor mij op de tweede plaats. Bloemsierkunst is zoals het leven: je moet ervan genieten!

Wat is jouw drijfveer?

Mijn tomeloze nieuwsgierigheid — ten opzichte van het leven, mensen, gevoelens en natuurlijk bloemen — is mijn drijfveer, als privé-persoon en als bloemsierkunstenaar. Voor mij staat creativiteit gelijk met het aannemen van nieuwe uitdagingen en het vinden van nieuwe manieren van werken. De zeldzaamste en mooiste variëteiten vinden is geen echte uitdaging. Mijn persoonlijke uitdaging is het vinden van nieuwe manieren om gewone bloemen te gebruiken en te presenteren. De schoonheid van deze bloemen wordt door veel mensen over het hoofd gezien, als ze niet op een bijzondere manier voorgesteld worden.

Bedoel je dat bloemen ook persoonlijkheden hebben?

Natuurlijk: als je naar een bloem kijkt dan kan je er verschillende gevoelens in lezen. Hoe kunnen wij floristen met bloemen werken, materialen met pure schoonheid en natuurlijke perfectie? Er zijn verschillende manieren om ze te gebruiken en ik zeg vaak dat ik hen als bouwstenen gebruik. We kunnen ze terugbrengen tot enkel kleur, vormen en lijnen. Maar is dat echt eerlijk ten opzichte van die bloemen? Ik denk het niet, ze vertellen ons zoveel meer! Bekijk ze, luister ernaar, lees hun uitdrukkingen en ze zullen je vertellen hoe ze gebruikt willen worden en waarmee ze willen gecombineerd worden, net zoals bij mensen. Ik vind dit een grote uitdaging en heel interessant. Denk aan die fragiele lentebloemen in bleke kleuren zoals de witte anemonen of die strenge, sterke en trotse bloemen zoals de calla of een exotische orchidee met haar mysteries — ze vertellen elk een verschillend verhaal!

Hoe stel je jezelf uitdagingen en vind je jezelf opnieuw uit als bloemsierkunstenaar?

De uitdaging is iets waar we allemaal naar op zoek gaan, het is eigen aan de menselijke natuur. Ik daag mezelf altijd uit door

the rarest and most beautiful varieties is not a true challenge. My personal challenge is finding new ways to use and present the ordinary flowers. The beauty of these flowers is overlooked by many people, if they're not presented in a special way.

Do you mean that flowers also have personalities?

Of course, when you look at a flower, you can read many emotions into them. How can we, as floral designers, work with flowers, a material that is beauty, perfection in nature? There are many ways to use them and I often talk about using them as building stones. We can dress them down to mere colour, shapes and lines. But is that really honest and fair to them? I don't think so, they tell us so much more! Look at them, listen to them, read their expressions and they will tell you how they want to be used and with what flowers they want to be combined with, just like people. This is very challenging and, to me, something truly interesting. Think about those fragile first spring flowers in pale colours like the white anemones or the richer, more generous, almost sexual flowers of summer like peonies or roses, or those strict, strong and proud flowers like a calla or an exotic orchid with its mysteries, all tell a different story!

How do you challenge and reinvent yourself as a floral designer?

The challenge is something we are all searching for, it's human nature. I always challenge myself by working with materials and colour combinations that I might like less or even, if that is possible when talking about flowers, dislike. My challenge lies in the search to master that and make it work, lift those materials to new levels.
Anyone can do a great flower creation relying on his or her favourite materials and colours, but the truly curious designer goes beyond that, without fear, only pure excitement. Seeing problems as possibilities and not seeing limitations and traditions as obstacles but as an inspiration: that is being creative!
Creative floral design needs emotions, imagination, curiosity, joy and true passion.

This sounds more like an approach to life than just to your profession...

That is true! For me there's no difference. Work, hobbies and life have become a way of living. Flowers, emotions, colleagues

te werken met materialen en kleurcombinaties waar ik minder van hou of, als dat überhaupt mogelijk is, helemaal niet van hou. Ik probeer die bloemen te beheersen en er iets mee te maken en die materialen op een nieuw niveau te brengen.
Iedereen kan een fantastische bloemencreatie maken gebaseerd op zijn of haar favoriete materialen en kleuren, maar de oprecht nieuwsgierige ontwerper gaat daar verder in, zonder angst en met pure opwinding. Problemen als mogelijkheden bekijken en niet als beperkingen en tradities niet als obstakels maar als inspiratie: dat is echte creativiteit!
Creatieve florale ontwerpen hebben nood aan emoties, verbeeldingskracht, nieuwsgierigheid, vreugde en echte passie.

Dit klinkt meer als een levensbenadering dan als een benadering tot je beroep...

Dat klopt! Voor mij is er geen verschil. Werk, hobbies en leven zijn een manier van leven geworden. Bloemen, gevoelens, collega's en vrienden — dat is allemaal hetzelfde. Veel mensen die dezelfde passie delen. Dat gevoel heb ik al sinds ik in dit beroep gerold ben.

We begrijpen nu wat je bedoelt met bloemen en gevoelens. Was dat jouw drijfveer om bloemsierkunstenaar te worden?

Eerlijk gezegd ben ik bijna per toeval in dit vak terecht gekomen, of zou ik het beter lot noemen?
Ik had nog nooit over floristiek gehoord, toen ik als vijftienjarige aan mijn twee weken stage begon in een bloemenwinkel. En daar was ik niet zo gelukkig mee! Ik wilde stage lopen in een architectuurbureau of een tuincentrum. Als kind had ik er altijd van gedroomd om te werken met architectuur, huizen of tuinen. Mijn ouders en grootouders hebben me trouwens ook altijd gestimuleerd in mijn passie voor de wonderen van de natuur. Mijn ouders hebben zelfs de tuin aan mij overgelaten. Ik was een kind met een visie die verderging dan onze kleine tuin. Met een gevoel van wat ik vandaag alleen als pure angst kan omschrijven, zagen ze wat ik bereikte en wat ik allemaal uit die kleine tuin kon halen. Zelfs als kind had ik het idee dat er geen grenzen bestonden, enkel uitdagingen. Ik spendeerde ontelbare uren in die tuin en daar hield ik meer van dan van spelen. Je zou me kunnen vergelijken met de Disney tekenfilmfiguur *Ferdinand de stier*, die liever tussen de bloemen lag te genieten van de geuren dan met de andere stieren te vechten, zoals van hem verwacht werd.
Het duurde niet lang of ik was gefascineerd door het werk in de bloemenwinkel en na die eerste twee weken vroeg ik of ik daar mocht blijven werken tijdens de weekends. Zo is het allemaal begonnen. De eigenaar en mijn collega's moedigden me

and friends — it's all the same. Lots of people sharing that same passion. That feeling has been with me ever since I stumbled into this profession.

We now understand what you mean with flowers and emotions. Was that your drive to become a floral designer?

To be honest, I must admit that becoming a floral designer happened by accident — or should I call it fate — more than anything else. I had never heard of floral design when I, as a 15-year-old, got two trial weeks in a flower shop. And I wasn't pleased at all! I wanted to do my trial weeks in an architectural office or at a garden centre. Working with architecture, houses or gardens was my childhood dream. When I was a child my grandparents and parents encouraged me in my passion for the wonders of nature. My parents had even surrendered the garden to me, a child with visions far beyond our small garden. With what I today understand to be pure fear they saw what I achieved and managed to squeeze into that small garden. Even as a child I had the idea that there were no limitations, simply challenges. I spent countless hours in that garden, preferring that to playing games. You could compare me to the Disney cartoon figure *Ferdinand the bull* that preferred to stay with his flowers and smell them, rather than fighting the other young bulls as expected.
In the flower shop I did not need long to become fascinated by the work and after those two weeks I asked to work there during the weekends. That is how it all started. The owner and my colleagues encouraged me and I have been staying there for many years. However, I always kept saying that I would get myself a proper job as an architect in the end. My first boss never forgot those words. When I got back after the World Cup, she asked me with a smile if floral design finally was a proper job for me! What else could I do than to smiling back, saying yes and thanking her for all her encouragement?

Did you receive a floral education after those first years in the shop?

There was simply no time to attend any floral design school after that. There was so much I wanted to do, so time flew by. Because I am such an emotional person I followed my heart and emotions. I simply taught myself, helped by my colleagues. I often think that figuring out everything on my own and doing the trial and error thing has allowed me to keep that curiosity, instead of being conformed by a school system. Of course I also go through good and bad days, like all of us do, but these always take me further.

aan en ik ben daar vele jaren gebleven. Toch bleef ik altijd zeggen dat ik uiteindelijk een echte job als architect zou hebben. Mijn eerste werkgeefster is die woorden nooit vergeten. Toen ik na de World Cup terugkeerde, vroeg ze me met de glimlach of floristiek nu eindelijk een echte job was voor mij! Ik kon natuurlijk niet anders dan terug te glimlachen, dat te beamen en haar te bedanken voor al haar steun en aanmoediging.

Heb je een florale opleiding genoten na die eerste jaren in de winkel?

Nadien was daar simpelweg geen tijd meer voor. Er was zoveel dat ik wou doen en de tijd vloog voorbij. Omdat ik zo'n emotionele persoon ben volgde ik mijn hart en mijn emoties. Ik deed het allemaal zelf en werd daarbij geholpen door mijn collega's. Ik denk vaak dat ik mijn nieuwsgierigheid heb kunnen behouden juist doordat ik alles zelf met vallen en opstaan uitgezocht heb, in plaats van me aan te passen aan een schoolsysteem. Natuurlijk heb ik zoals iedereen ook mijn goede en slechte dagen, maar die brengen me altijd verder!

Dat is interessant, als je bedenkt dat je leraar bent geweest en het vak floristiek gegeven hebt en dat je werk vandaag inspirerend en educatief is!

Ik besef dat dit elkaar tegenspreekt, maar het was gewoon mijn manier van doen. Voor ik leraar werd, moest ik alle theorie leren en dat was een kleine revolutie voor mij. Zo vaak voelde ik aan dat iets wel of niet werkte, maar ik wist niet waarom. En nu kreeg ik antwoorden! Je zou dus kunnen zeggen dat ik alles in omgekeerde volgorde gedaan heb, maar wat ik eruit leerde was het belang om op je instincten te vertrouwen!
Het is een fantastische ervaring om anderen les te geven, of beter gezegd: om hen te inspireren en te helpen hun eigen weg te vinden in de floristiek. Lesgeven is heel delicaat. We kunnen — en moeten — de technische en theoretische kennis doorgeven, maar tegelijkertijd delen we ook onze echte passies en mogelijkheden van dit beroep.

En waarom zijn wedstrijden zo belangrijk?

Ze vormen zoals gezegd een grote bron van inspiratie en zijn ook erg belangrijk voor de ontwikkeling van ons vak, voor

This is very interesting, considering the fact that you have worked in a school teaching flower design and also today your main field of work is inspirational and educational!

I can also see the contradiction, but it was simply my way of doing it. Later on, before I became a teacher, I had to learn all the theory and that was a small revolution to me. There have been so many times when my feelings could not tell me why something worked or not. Now there were explanations. So you could say that I did it backwards, but what I learned from it was the importance of following your instincts!
It has been a great experience to teach others, or rather to inspire and help them to find their own way of expression in floral design. Teaching is a very delicate thing; we can and must pass on the technical and theoretical knowledge, but at the same time we pass on the true passion and possibilities in our craft.

What about competitions, are they also important?

As I said before they have been a great source of inspiration to me and they are also very important for the development of the whole craft (the designers and the everyday work in the shops). The 'crazy' ideas from competitions are the future new products in the flower shops. Competitions, education and the way we designers of today are able to inspire and pass on the passion for the craft are the materials for the future!

How do you think the craft will evolve in the future?

Floral design has definitely secured a place in the future. Today this craft keeps

zowel de ontwerpers als het dagdagelijkse werk in de winkels. De 'gekke' ideeën uit de wedstrijden vormen de toekomstige nieuwe producten in de bloemenwinkels. Wedstrijden, scholing en de manier waarop wij, ontwerpers van vandaag, in staat zijn om te inspireren en de passie voor het vak door te geven, leggen de bouwstenen voor de toekomst van dit vak!

Hoe denk je dat het vak in de toekomst zal evolueren?

Floristiek heeft nu al een plaats bemachtigd in de toekomst. Vandaag blijft ons vak mee evolueren met de ontwikkeling en door goede opleidingen en een nieuwe manier van denken is het heel vindingrijk. We zorgen dat ons vak naar de toekomst evolueert en dat is aan de emotionele kant. Mensen hebben altijd al een emotionele respons gehad op bloemen en natuur. Hoe verstedelijkt of hoe technisch onze maatschappij ook wordt, we zullen altijd blijven houden van de natuur en de waarden waarvoor die natuur staat: eerlijkheid, kalmte, vrijheid en verbondenheid, alles in één. We vertalen die gevoelens door onze huizen, kantoren en openbare plaatsen aan te kleden met bloemen en planten. Morgen zullen de gevoelens die wij met onze werken creëren in het middelpunt van de belangstelling staan. Belangrijker dan het volgen van algemene trends, zal de persoonlijke uitdrukking zijn, het idee en de boodschap.

Komen toekomst en verleden dan eindelijk samen?

Zoals gewoonlijk kunnen we veel leren uit het verleden. Ik haal veel van mijn 'nieuwe' ideeën uit die rijke en weelderige materialen uit het verleden. Dat kunnen de vormen van oude Egyptische boeketten zijn of het kleurenspel van de barok... Ik vertaal oude technieken en vergeten materialen in moderne ontwerpen en deze uitdaging bezorgt me veel plezier. Vooral vandaag, wanneer onze maatschappij en ons vak zich zo snel ontwikkelen en de nood aan nieuwe dingen altijd aanwezig is.

Waar zie je jezelf in dit proces en in de toekomst?

Voor mij is het erg natuurlijk om ideeën en gedachten over ons vak te delen met anderen. Je zou zelfs kunnen zeggen dat ik erdoor geobsedeerd ben. Wat me echt gelukkig maakt is diezelfde gloed en passie te ontdekken in een nieuwe ontwerper en weten dat ik een klein verschil gemaakt heb in dat proces. Die drang om te creëren delen met iemand, diezelfde passie voor

up with development and is very inventive, due to good education and new thinking. We are positioning the craft where the future is and that is on the emotional side. People have always had an emotional response to flowers and nature itself. No matter how urban or how technical our society becomes, we always love nature and the values it stands for: honesty, calm, freedom and closeness, all in one. We translate those feelings by dressing our homes, working places and common spaces with flowers and plants. Tomorrow the emotions created by our work will be in the centre of attention. Much more important than following general trends will be personal expression, the idea and the message.

Future and past finally come together?

As always there is much to learn from the past. I get many of my 'new' ideas from those rich and generous materials from the past. They might be the shapes of old Egyptian bouquets or the colour play from the Baroque era... I translate old techniques or forgotten materials into modern designs and this challenge gives me a lot of pleasure. Especially today, when society and also our craft develop so quickly and the need for something new is ever present.

Where do you see yourself in this process and in the future?

For me it's very natural to share ideas and thoughts concerning the craft, you could say I am obsessed with it. What really makes me happy is to see that same glow and passion in a new designer and to know that I made a little difference in that process. Sharing the urge to create, feeling the same passion for flowers and having the same emotions for them — not easily put into words — is true satisfaction. Today I am where I love to be and the future will be where my curiosity takes me.

Do you have any dreams that still have to come true?

Of course, there would be no life without them! But let's talk about the dream we now hold in our hands, my book. This is definitely one of those dreams come true. Ever since I started as a floral designer, I have been daydreaming about it. I have been searching for inspiration with the help of wonderful books from other designers that I admire and envy for their talents and craftsmanship. I have been sharing their enjoyment, pure pleasure and those emotions flowers bring. But what I never

bloemen voelen en er dezelfde emoties voor hebben (die heel moeilijk uit te leggen zijn): dat is voor mij echte voldoening. Vandaag ben ik waar ik graag ben en de toekomst zal daar zijn waar mijn nieuwsgierigheid mij brengt.

Heb je nog dromen die je vervuld wil zien?

Natuurlijk, 't zou geen leven zijn zonder dromen! Maar laten we het hebben over de droom die we nu vasthouden: mijn boek. Dit is zeker een van die dromen die werkelijkheid geworden zijn. Al sinds het prille begin van mijn carrière, droom ik ervan. Ik heb inspiratie gezocht in die prachtige boeken van andere designers, die ik bewonder en benijd voor hun talenten en hun vakmanschap en heb hetzelfde genoegen, puur plezier en de emoties die bloemen brengen gedeeld. Wat ik me nooit kon inbeelden was hoe zenuwslopend het proces van het maken van een eigen boek wel zou zijn. Al die ideeën en plannen die ik tijdens al die slapeloze nachten heb gemaakt: eerst vond ik ze goed, dan keurde ik ze af, dan paste ik ze aan... Ik heb heel veel tijd in de studio doorgebracht samen met Helén, mijn fantastische fotografe, om de juiste hoeken te vinden en ook vele dagen gewacht op het juiste licht voor de buitenopnames. Uiteindelijk heeft het hele proces me een stap verder gebracht als ontwerper.

De werken die uiteindelijk geselecteerd werden hebben iets te vertellen: verhalen, emoties, gewoon een uitleg waarom een materiaal me zo aangegrepen heeft, een natuurlijke setting en seizoen die perfect aansluiten bij mijn stemming, een flirt met het speelse of puur plezier... Wat er voor jullie, mijn vrienden, in opgenomen werd zijn mijn eerlijke pogingen om mijn emoties, leven, nieuwsgierigheid en plezier met jullie te delen.

Ik heet jullie van harte welkom!

could imagine was the nervous process of making a book myself. All those ideas and plans I had made — first good, then rejected, revised and so on — through all these sleepless nights. I have spent many days in the studio together with Helén, my great photographer, finding the right angles and also many days, waiting for that 'right' light while taking photographs outdoors. In the end it has been a process that has taken me further as a designer.

The works that have finally been selected all have something to tell: stories of emotions or simply explaining a material that thrilled me, a natural setting and season so much linked to my emotions, a flirt with the playful or pure pleasure. Left for you, my friends, are my honest attempts to share my emotions, life, curiosity and joy with you.

You are more than welcome!

Never lose faith!

Just like **spring**

follows winter,

joyful times come

after hard times.

Please, have a seat, **get comfortable** and do not freeze too much.

It's not a dream; **it's all ice and flowers.**

What's the strongest: the power of the ice or the longing for spring?

Spring always takes me by surprise.

Suddenly nature literally explodes with all these weak,

fragile flowers, delivering all the promises of new life.

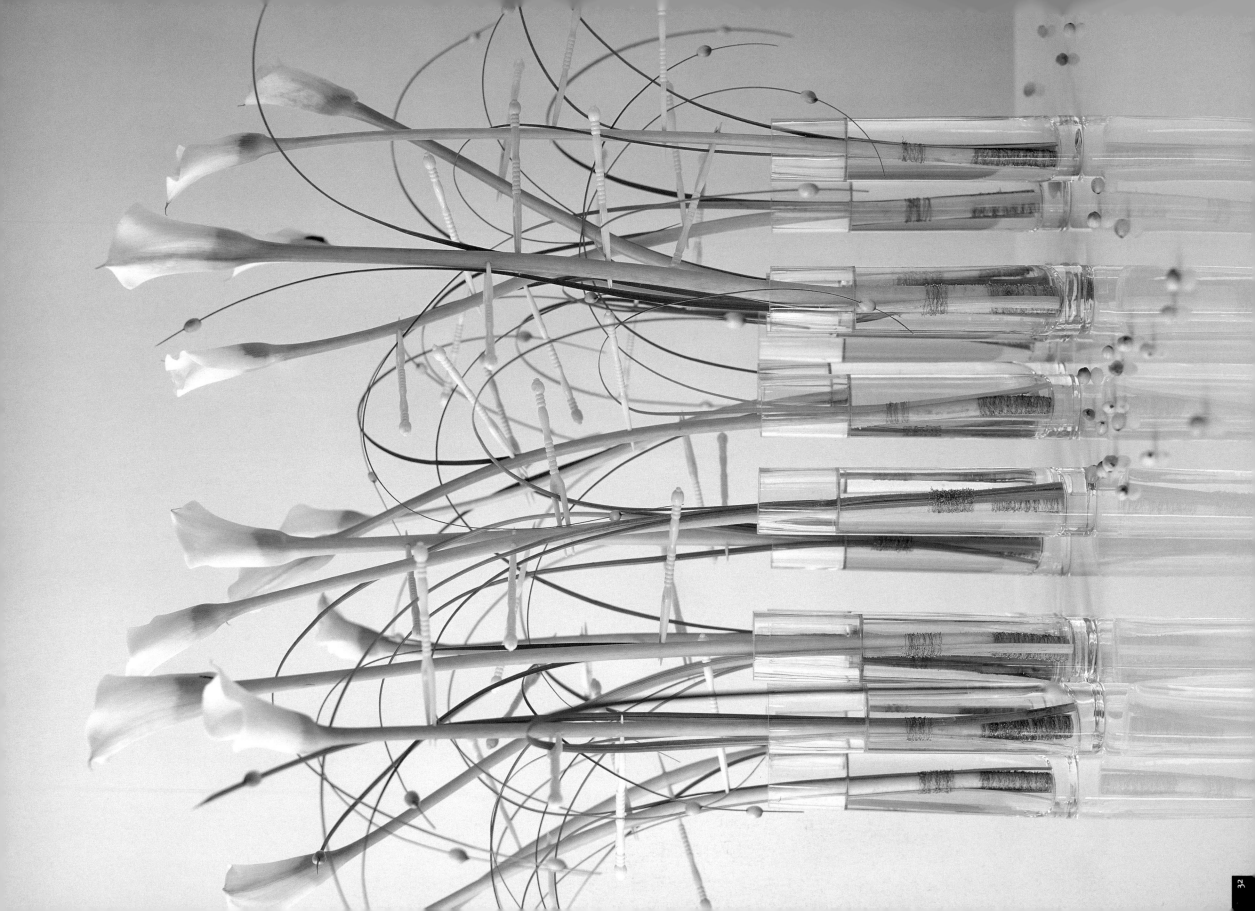

Chinese plastic forks

A love story,

gracious, fragile and tender.

Beauty moment

Do not forget to take

a beauty moment

once in a while,

stop time and **enjoy**

the beauty of a single flower!

Promises and dreams of summer

Red **summer** field?

Natural But it took **hours** to make.

Twist and turn,

over and over again, **and there you have it.**

Harvest

Vitamins
A smile for our soul

Life, so much like a puzzle.

That **constant search** for missing pieces,

the drive in life, that **curiosity**!

And sometimes, like magic,

it all matches, we get it all together.

We all run **in circles**, looking for what?

Happiness!

Kitsch,

Yes, do smile or laugh or even hate it,
I love it
but please do not be indifferent.

For the fun of it

Go your
own way,
do not conform.

Do not lose balance
in this **fast** spinning
world of **impressions**.

Stripes

Childish, colourful, absolutely not serious

Those oranges...

What can I say, I'm a child.

Crystals of ice

Life is hard

Life is fragile

But oh so precious

Ice is as transitory as the beauty of a flower

As the beauty of life itself

Thinking of you Beatrix

You are always with me

There's no way to stop spring.

Sheltered or captured,

spring will always succeed over winter.

My tulip dragons,

or are they dolphins?

Let imagination lead you

on stray ways:

it's so much more fun!

Camouflage

Like a **close group of friends**,
together we stand strong on **a web of emotions**.

Baroque

Love

Comes in **all variations**

Temptation

Liatris a love-hate relationship of mine

A rose is **still a rose,**

but can carry **so many different messages.**

Autumn gold

Circle of sunshine

Oranges, the best of fruits. Perfect flower foam... beautiful,

colourful, great smell and extremely healthy!

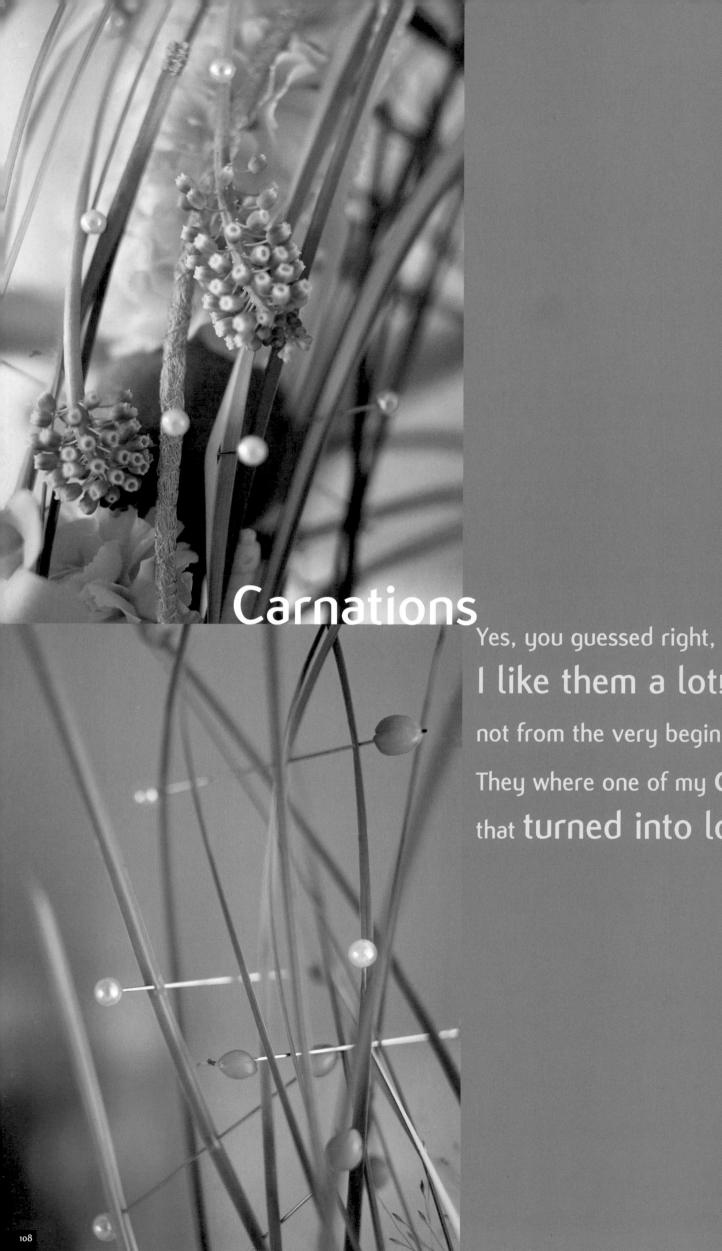

Carnations

Yes, you guessed right,
I like them a lot! I must admit,
not from the very beginning.
They where one of my **challenges**
that **turned into love**.

Snowballs flowerballs

Ice

what colour does it have?

Here I am again!

Absolutely charming, irresistible

Childish, I know, but sometimes **you just have to.**
If not, life is too boring.

They have just **passed the hands** of a floral designer.

Pine cones

Cones in order

In line, waiting for spring.

Together, connected, depending on each other

Calm down, colour down

Join in!

Muscari
Scilla
Fritillaria
Viburnum opulus
Salix viminalis
Glyceria maxima 'Variegata'

Tulipa
Hyacinthus orientalis
Fructus Hypericum
Flexi grass
Guzmania
Phormium
Fritillaria

Prunus
Viburnum opulus

Dianthus
Dendrathema
Paeonia
Dicentra spectabilis
Aquilegia
Lathyrus
Limonium

Gomprena globosa
Gramineae parnicum
Alchemilla Mollis
Xerophyllum asphodeloides
Phormium
Fructus Fragária
Fructus Hypericum

Mikado
Nerine
Gerbera
Eustoma
Celosia
Dahlia
Phlox

Limonium
Gramineae parnicum
Erica gracilis
Bougainvillea
Alocasia
Fructus Hypericum
Fructus Rubus

Triticum aestivum
Gramineae parnicum

Ranunculus
Xanthorrhoea spp
Fructus Hypericum

Mikado
Dianthus
Dahlia
Dendranthema
Ilex verticillata

Skimmia
Phalaenopsis
Guzmania
Phormium
Fructus Hypericum

Gloriosa rothschildiana
Mikado
Gramineae parnicum
Fructus Hypericum
Fructus Vitis

Cladonia stellaris
Phalaenopsis

Nerine
Hyacinthus
Xanthorrhoea spp
Fructus Hypericum
Fructus Citrus

Gloriosa rothschildiana
Sandersonia
Guzmania
Mikado
Fructus Rosa
Fructus Hypericum
Fructus Citrus

Salix viminalis
Anemone nemorosa

Zantedeschia
Xerophyllum asplodeloides
Fructus Hypericum

Xerophyllum asphodeloides
Ixia
Dicentra spectabilis
Fructus Hypericum

Triticum aestivum
Phalaenopsis
Gramineae parnicum
Clematis

Triticum aestivum
Gloriosa rothschildiana
Sandersonia
Gramineae
Fructus Rosa
Phalaenopsis

Cornus
Sandersonia
Lathyrus
Phalaenopsis
Cymbidium
Tillandsia dyeriana
Fructus Citrus

Mikado
Guzmania
Gomprena globosa
Fructus Malus
Fruktus Hypericum

Oncidium
Erica gracilis

Cladonia stellaris
Craspedia
Gloriosa rothschildiana
Flexi grass
Fructus Hypericum

Salix viminalis
Protea magnifica

Tulipa
Kalanchoe beharensis
Mitsumatsu (bleached branches)

Tulipa
Flexi grass

Tulipa
Fructus Hypericum

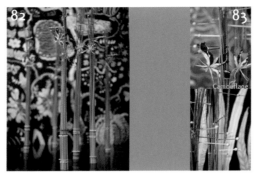

Gloriosa rothschildiana
Fructus Hypericum
Xanthorrhoea spp

Tulipa
Fructus Hedera

Carex comans
Fructus Rosa
Fructus Symphoricarpos
Frutus Solanum

Liatris spicata
Erica gracilis
Callicarpa
Ilex verticillata
Gomprena globosa
Dendrobium
Fructus vitis

Rosa
Fructus Hypericum

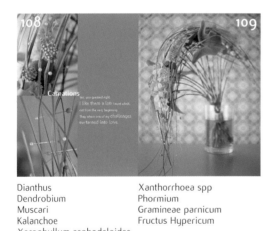

Dianthus   Xanthorrhoea spp
Dendrobium   Phormium
Muscari   Gramineae parnicum
Kalanchoe   Fructus Hypericum
Xerophyllum asphodeloides

Salix viminalis
Xerophyllum asphodeloides
Muscari

Muscari
Eucalyptus
Vaccinium

Fructus Picea

Betula
Fritillaria acmopetala

Dianthus
Mikado
Triticum aestivum
Eucalyptus
Phalaenopsis
Fructus Eucalyptus
Fructus Hypericum

Erica gracilis
Xerophyllum asphodeloides
Dianthus
Zantedeschia
Fructus Prunus spinosa

Dianthus
Limonium
Lathyrus
Gomprena globosa
Dendrobium
Phormium
Fructus Hypericum

Dianthus
Xerophyllum asphodeloides
Fructus Hypericum

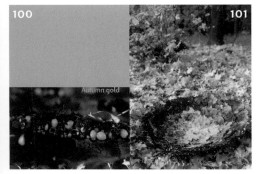

Acer platanoides
Celosia argentea
Kalanchoe
Fructus Hypericum
Fructus Nertera

Acer platanoides
Dendranthema
Gerbera
Fructus Rosa

Gloriosa rothschildiana
Phalaenopsis
Oncidium
Craspedia globosa
Fructus Viburnum
Fructus Citrus

Tulipa paeonia

Fructus Cucumis curcumis
Fructus Solanum

Fructus Pinus

Rosa   Gramineae parnicum
Dendranthema   Ammi majus
Gerbera   Eucalyptus
Achillea   Fructus Rosa
Mikado   Fructus Hypericum
Guzmania

Protea cynaroides
Fructus Hypericum
Fructus Chilli
Ilex verticillata
Kalanchoe
Phalaenopsis
Oncidium

Helén Pe

Biography

I have been working as a photographer for almost nine years. Today I have my studio in Stockholm, working for both Swedish and international magazines and advertising. I have also done several books, on such different themes as interior, architecture, flowers, summerhouses, art and chocolate.

Magazines I work with continuously are *Skona hem, Residence, Bolig magazine, Case di abitare, Living etc* and *Homes & Gardens*.

Working together with Per on this book has made me see flowers and their potential in new ways and has helped me to understand their language and emotional possibilities. Per is a true artist with nature's creations and has a great understanding for the materials. Many where the times he entered my studio in the morning with plenty of flowers and many other strange things and like magic piece after piece emerged from the workroom. All of them a challenge for me, the challenge to translate his flowers with my art form, the photograph.

Together we have a good understanding and mutual respect for ones own art form and I do believe we have succeeded in showing his flower creations and reflecting his emotions in my photographs.

fotograf.helen.pe@telia.se

Biografie

Ik werk al negen jaar als fotografe. Momenteel heb ik mijn eigen fotostudio in Stockholm en krijg ik vooral opdrachten van Zweedse en internationale tijdschriften en publiciteitsagentschappen. Daarnaast heb ik ook de fotografie voor verschillende boeken verzorgd, met thema's als: interieur, architectuur, vakantiehuizen, bloemen, kunst en chocolade.

Ik werk op zeer regelmatige basis voor de tijdschriften *Skona hem, Residence, Bolig magazine, Case di abitare, Living etc* en *Homes & Gardens*.

De samenwerking met Per voor dit boek heeft me op een andere manier leren kijken naar bloemen en hun mogelijkheden. Ik heb ook hun specifieke taal en emotionele betekenis leren begrijpen. Per werkt als een echte kunstenaar met wat de natuur ons heeft geschonken en kent de materialen door en door. Hoe vaak gebeurde het niet dat hij 's morgens mijn studio binnenkwam met een pak bloemen en ander vreemdsoortig materiaal. En als bij toverslag dook de ene compositie na de andere op uit de werkkamer. Elk stuk, elke creatie was een uitdaging voor mij: de uitdaging om zijn florale kunst via mijn kunstdiscipline, de fotografie, te vertalen.

We begrijpen en respecteren elkaars kunstvorm volkomen en ik ben er echt wel van overtuigd dat we erin geslaagd zijn om in mijn foto's Pers florale kunst te tonen en zijn gevoelens te weerspiegelen.

Biography

Born in Stockholm on 18 August 1970

1985	First trial weeks in flower shop
1988	Began working with flowers in Stockholm
1994	Journeyman's certificate, silver medal

Participated in numerous national and international competitions. Winner of more than ten medals.

1997	Swedish champion
1998	Stockholm Open champion
2000	Scandinavian champion
2002	Stockholm Open champion
2002	World Cup champion
2003	Scandinavian champion

1997	Assistant to the Swedish participant in the World Cup in Amsterdam
1997	Teacher at Florist Academy in Stockholm
1998	Represented Sweden in Scandinavian championships
1998	Started his own freelance company, Benjamins Botaniska. Has been teaching ever since and gave numerous demonstrations both in Sweden and internationally
1999	Represented Sweden in Europa Cup in Linz
2000	Started as international judge, teaching and professional demonstrations
2002	Exhibition at Koppartalten in Stockholm
2002	Member of *Life3*
2002	Exhibition at Arvfurstens Palats, Swedish Government, Stockholm
2003	Publication of *Emotions* and seminars with *Life3*
2004	Demonstrations all around the world with *Life3*

Book publications
> *First class floral design* (SODO, 2001)
> *Nordic masters of flower arrangement*
> (Stichting Kunstboek Publishers, 2001)
> *Emotions by Life3* (Stichting Kunstboek Publishers, 2003)

Biografie

Geboren in Stockholm op 18 augustus 1970

1985	Eerste stage in bloemenwinkel
1988	Begint met bloemen te werken in Stockholm
1994	Vakgetuigschrift, zilveren medaille

Neemt deel aan verschillende nationale en internationale wedstrijden. Wint meer dan tien medailles.

1997	Zweeds kampioen
1998	Winnaar Stockholm Open
2000	Winnaar Scandinavische kampioenschappen
2002	Winnaar Stockholm Open
2002	Winnaar World Cup
2003	Winnaar Scandinavische kampioenschappen

1997	Is assistent voor de Zweedse deelnemer aan de World Cup in Amsterdam.
1997	Leraar aan de academie voor floristiek in Stockholm.
1998	Vertegenwoordigt Zweden in Scandinavische kampioenschappen.
1998	Start zijn eigen zelfstandig bedrijf, Benjamins Botaniska. Is sindsdien blijven lesgeven en geeft verschillende demonstraties in Zweden en internationaal.
1999	Vertegenwoordigt Zweden in de Europa Cup in Linz.
2000	Start als internationaal jurylid, geeft les en professionele demonstraties.
2002	Tentoonstelling in Koppartalten, Stockholm.
2002	Lid van *Life3*.
2002	Tentoonstelling in Arvfurstens Palast, Zweedse overheid, Stockholm.
2003	Uitgave van het boek *Emotions* en seminaries met *Life3*.
2004	Wereldwijde demonstraties met *Life3*.

Boeken
> *First class floral design* (SODO, 2001)
> *Nordic masters of flower arrangement*
> (Stichting Kunstboek, 2001)
> *Emotions by Life3* (Stichting Kunstboek, 2003)

Per Benjamin

Per Benjamin
Benjamins Botaniska
Dalagatan 76
S-113 24 Stockholm
Tel: +46 706 34 76 34
Fax: +46 834 76 34
E-mail: info@perbenjamin.com
Homepage: www.perbenjamin.com

Icehotel

Imagine a hotel built from thousands of tons of snow and ice and re-built every winter... That is *Icehotel* in the little village of Jukkasjärvi in northern Lapland, Sweden.

In *Icehotel* there are double rooms and suites for overnight guests, a lobby, a pillar hall, a church, a film auditorium, an outdoors theatre and of course the famous *Absolut Icebar* — where folk from all over the world socialize till late in the night. If you are lucky you can also enjoy the Northern light on the night sky.

In November, building starts of the unique *Icehotel* and the official opening is in mid December. By the time the spring sunshine has done its work and the *Icehotel* has slowly but surely made way for summer and has run back into the River Torne, May has arrived. At the end of April or the beginning of May, we close *Icehotel* for the season — all depending on the weather gods, however.

Icehotel also holds a high profile in the field of art, having sculptures and art from ice and snow decorating the whole hotel. Every year, artists from around the world are invited to work at the hotel. The idea behind it is the transitoriness of snow and ice as with beauty, actually just like the beauty of flowers. Seeing and experiencing what Per could do with flowers together with our ice and snow was truly fascinating and an eye opener to a new form of art.

Welcome to *Icehotel*, an experience to remember...

www.icehotel.com

Beeld je even in: een hotel dat opgetrokken is uit duizenden tonnen sneeuw en ijs en elke winter opnieuw opgebouwd wordt... Dat is *Icehotel* in het kleine dorpje Jukkasjärvi, in het noorden van Lapland, Zweden.

In *Icehotel* vind je tweepersoonskamers en -suites voor de hotelgasten, een lobby, een zuilengaanderij, een kerk, een filmzaal, een theater buiten en natuurlijk de beroemde *Absolute Icebar*, waar mensen van over de hele wereld socializen tot diep in de nacht. En als je echt geluk hebt, kan je aan de nachtelijke hemel zelfs het Noorderlicht bewonderen.

Elk jaar begint de bouw van het unieke *Icehotel* in november en de officiële opening vindt plaats in het midden van december. Het is al mei, wanneer de lentezon haar werk heeft gedaan en het *Icehotel* langzaam maar zeker plaats heeft gemaakt voor de zomer en teruggestroomd is in de Torne rivier. Eind april of begin mei sluiten we het *Icehotel* voor het seizoen... Maar alles hangt natuurlijk af van de weergoden.

Het *Icehotel* heeft ook een grote naam op het vlak van kunst en werd ingericht met sculpturen en kunstwerken gemaakt uit ijs en sneeuw. De achterliggende idee is de vergankelijkheid van sneeuw en ijs, net als de schoonheid, en net zoals de schoonheid van bloemen. Toen we zagen wat Per kon creëren uit de combinatie van bloemen en ons ijs en sneeuw, waren we werkelijk gefascineeerd en werden onze ogen geopend voor een nieuwe kunstvorm.

Welkom in het *Icehotel*, een ervaring die je zal bijblijven...

www.icehotel.com

Natural flowers from Hukra

Hukra supplies flowers for every season and reason.

Located in Aalsmeer, the global flower centre of Holland, our company with forty employees daily serves our customers in north and west Europe, from flower shop chains to smaller florists.

We concentrate on personal contact and know our customers' wishes and expectations.

With modern equipment and high quality standards — ISO 9001 / 14001 and Florimark — we deliver our flowers as natural and fresh as possible.

In the circle of a flower life, Hukra is in the middle.

Natuurlijke bloemen van Hukra

Hukra bezorgt bloemen voor elk seizoen en voor elke gelegenheid.

Ons bedrijf, gelegen in Aalsmeer, het wereldbloemencentrum van Nederland, heeft veertig werknemers en levert dagelijks bloemen aan onze klanten in Noord- en West-Europa, van bloemenketens tot kleinere floristen.

Wij schenken aandacht aan persoonlijk contact en kennen de wensen en verwachtingen van onze klanten.

Dankzij modern materieel en hoge kwaliteitsstandaarden — ISO 9001 / 14001 en Florimark — slagen we erin onze bloemen zo natuurlijk en zo vers mogelijk te leveren.

In de cirkel van een bloemenleven is Hukra het middelpunt.

Flowers metamorphosis
FLOWERS AS POETRY
by Per Benjamin

Only when together, one's individuality can blossom...
Be daring, be vivid, be courageous, be proud...

Just two of Per Benjamin's slogans which we can subscribe to.

Hukra feels very honoured and proud to be the supplier of the flowers who — touched by his fingers and feelings — all change into poetry without words.

We congratulate him on this beautiful book and we hope it increases your love for flowers.

Flowers for feelings.
Hukra for your flowers.

Bloemenmetamorfose
BLOEMEN ALS POËZIE
door Per Benjamin

Het is slechts in gezelschap dat iemands individualiteit kan openbloeien...
Wees moedig, wees krachtig, wees dapper, wees trots...

Dit zijn slechts twee van Per Benjamins motto's waar wij volledig achter kunnen staan.

Hukra is vereerd en trots leverancier te mogen zijn van de bloemen die, geraakt door zijn handen en gevoelens, veranderen in woordeloze poëzie.

We feliciteren hem van harte met dit prachtige boek en hopen dat het ook uw liefde voor bloemen doet toenemen.

Bloemen voor gevoelens.
Hukra voor uw bloemen.

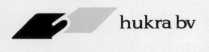 hukra bv

www.hukra.com

Thanks everyone!

My family: For always allowing me to be myself, encouraging and supporting me and of course for surrendering the garden to me.

My friends: What would I be without you all? Thanks for all your patience with this so often absent friend. We are always there for one another.

Johan: For all your devoted help, it is a pleasure to work together with you. Hope that I can return all your help in the future...

Johanna: You always bring out the best in me. Helping me even when you don't know it yourself, by listening and simply being there for me!

Helén: My great photographer, you see what I think and read out what I want to show. You bring out the best in my creations; working with you is a joy.

Ylva: What would those outdoor photographs be without your help! I think you even brought out the sun.

Hukra: For sharing my view on flower design and supporting me with all these wonderful flowers.

Interflorablommor: To all of you that have had to handle my orders, trying to find all those materials I needed when they where not to be found. You all did a great job.

Stichting Kunstboek: To all of you working together with me on this dream of mine. Especially for all your patience and understanding with this flower designer!

Icehotel: For opening up your doors to me and my flowers, allowing me to show what true winter is.

Max and Tomas: My good colleagues and friends for your support and maybe most of all for all those good laughs together.

My first boss: Anna-Lisa, thanks for taking such good care of that 15-year-old boy!

Japanese friends: For welcoming me as one of you, Yokosan with family and especially Hisakasan for those moving words.

Colleagues: All my new friends around the world for welcoming me and exchanging inspiration and emotions, together we make flower design more interesting.

Bedankt!

Mijn familie: Omdat jullie me altijd toelieten mezelf te zijn, me aanmoedigden en steunden en natuurlijk omdat jullie de tuin aan mij afstonden.

Mijn vrienden: Wat zou ik zijn zonder jullie? Bedankt voor al jullie geduld met deze zo vaak afwezige vriend. We zullen er altijd zijn voor elkaar.

Johan: Voor al jouw toegewijde hulp. Het is een plezier om met jou samen te werken. Hopelijk kan ik jou in de toekomst ook eens helpen...

Johanna: Je brengt altijd het beste in mij naar boven. Je helpt me zonder dat je het weet, door jezelf te zijn, te luisteren en er gewoon te zijn.

Helén: Mijn fantastische fotografe. Je ziet wat ik denk en je begrijpt wat ik wil tonen. Je haalt het beste uit mijn creaties. Met jou samenwerken is een plezier.

Yvla: Wat zouden die buitenopnames zijn zonder jouw hulp! Ik denk dat je zelfs de zon deed schijnen.

Hukra: Omdat jullie mijn standpunt over bloemsierkunst deelden en me steunden met al die fantastische bloemen.

Interflorablommor: Bedankt aan iedereen die mijn bestellingen behandelde en al die materialen probeerde te vinden die ik nodig had terwijl ze bijna onvindbaar waren. Jullie leverden fantastisch werk.

Stichting Kunstboek: Bedankt aan iedereen die met mij samenwerkte aan deze droom. In het bijzonder voor al jullie geduld en begrip voor deze bloemsierkunstenaar!

Icehotel: Omdat jullie de deuren voor mij en mijn bloemen openden en me zo toelieten om te tonen wat echte winter is.

Max and Tomas: Mijn goede collega's en vrienden, voor jullie steun en misschien nog wel het meest van al voor al die keren dat we samen lachten.

Mijn eerste baas: Anna-Lisa, bedankt om zo goed te zorgen voor die vijftienjarige jongen!

Japanse vrienden: Om me welkom te heten als één van jullie, in het bijzonder Yokosan en familie en vooral Hisakasan voor die ontroerende woorden.

Collega's: Al mijn nieuwe vrienden wereldwijd om me te verwelkomen en inspiratie en gevoelens uit te wisselen. Samen maken we bloemsierkunst interessanter.

Floral artist / Florale kunstenaar
Per Benjamin
Benjamins Botaniska
Dalagatan 76 2tr
113 24, Stockholm
Sweden
Tel.: **46 706 34 76 34
Fax: **46 834 76 34
E-mail: info@perbenjamin.com
www.perbenjamin.com

Texts / Teksten
Per Benjamin, Stockholm (S)

Final editing / Eindredactie
Femke De Lameillieure, Oostkamp (B)
Karel Puype, Oostkamp (B)

Photography / Fotografie
Helén Pe, Stockholm (S)

Material / Materiaal
Hukra, Aalsmeer (NL)

Layout & Colour separations / Lay-out & fotogravure
Graphic Group Van Damme, Oostkamp (B)

Printed by / Gedrukt door
Graphic Group Van Damme, Oostkamp (B)

Binding / Bindwerk
Delabie & Co bvba, Kortrijk (B)

Published by / Een uitgave van
Stichting Kunstboek bvba
Legeweg 165
B-8020 Oostkamp
Tel.: **32 50 46 19 10
Fax: ** 32 50 46 19 18
E-mail: stichting_kunstboek@ggvd.com
Internet: www.stichtingkunstboek.com

ISBN: 90-5856-132-1
D/2004/6407/06
NUR: 421